JN411121

살다보면

서정문학대표시선 · 54

살다보면

초판 발행 | 2020년 2월 5일

저　　자 | 자월

편　　집 | 디자인그룹 여우비
펴 낸 곳 | 도서출판 서정문학
펴 낸 이 | 차영미
주　　소 | 서울시 강동구 성안로31다길 8(천호동), 101호
전　　화 | 02-720-3266　F A X | 02-6442-7202
홈페이지 | http://cafe.daum.net/seojungmunhak.com
이 메 일 | sjmh11@hanmail.net
등　　록 | 2008. 3. 10 제324-2014-000060호

ISBN 978-89-94807-86-7 03810
정가 10,000원

이 도서의 국립중앙도서관 출판예정도서목록(CIP)은 서지정보유통지원시스템 홈페이지(http://seoji.nl.go.kr)와 국가자료종합목록 구축시스템(http://kolis-net.nl.go.kr)에서 이용하실 수 있습니다. (CIP제어번호 : CIP2020004087)

서정문학대표시선 · 54

살다보면

자월 시집

| 시인의 말 |

그대 뜰에 달빛으로 내려앉아
그리움이 되었다가 사랑이 되었다가
간절한 소망이 되었다가
외로운 인생길 아름다운 벗이 되어
고단한 그대 삶에 등댓불이 되리라.
살다보면
너와 나 우리 모두가 누군가에게
달빛이더라.

밤하늘 고요히 흐르는 달빛 한 자락
마음 속 번뇌를 조용히 잠재우고
그 안에 가만히 들어앉으면
바람소리 물소리 심장소리가 하나로
호흡한다.
오랫동안 쌓아온 세월을 토해내는 시간
불어 있던 몸과 마음이 가벼워 진다.
이제 또 다시 세상 속으로 날갯짓 하며
비상하리라
겸허한 마음으로.

| 목차 |

2부 산다는 건

3부 기다림

4부 인연

보고 싶은 원희에게

수화기 너머 들려오는 목소리에 세월이 비켜가고
따뜻한 가을햇살 한 자락이 마음 곁에 머물렀네.
지난 시월 초에
옛 친구들을 만났을 때 자네의 소식을 전해 들었지.
'시인' 이라고…….
시인은 인생을 언어로 그려내는 사람인데
시인은 과거와 현재를 있는 그대로 바라보고
이름 붙여주는 사람이어야 하는데…….

시 「친구」를 읽으면서 서 시인을 떠올린다.
그냥 자네가 원희여서,
40년 가까운 세월에도 풋풋한 첫사랑 같은
추억을 함께 얘기할 수 있는 제자라서 좋다네.
아버지의 꼴망태는 사랑망태~
어둑한 새벽녘 집을 나서는 아버지의 모습은

40여 년 전 산을 넘고 넘어 가정방문했던
자네 고향집으로 나를 데려 간다네.
산 속에는 해가 빨리 진다고 한사코 하룻밤을
묵어가라 붙잡았던 고향집
이른 아침 밥상에 올라온 송이 무침과 송이 국,
송이 구이…
그 귀한 밥상이 아버지의 사랑망태에서 나온
귀한 보물임을 이제서야 알았네.
두고두고 추억하며 반추하는 옛날이야기
서 시인이 쓰는 글이
체험과 추억 속에서 길어낸 창조이기에
더욱 값지다는 말을 꼭 해주고 싶네.
시 쓰는 일이 쉽지는 않겠지만
쉽지 않은 길을 선택해서 꿋꿋이 걸어가는
서 시인에게 박수를 보내네.
고맙고 감사하네.

— 박마오라 수녀(학창시절 담임선생님)

인연의 아름다움

시인은 군위 낙전 두메산골에서 태어나 십리길 고갯마루를 넘어 학교를 다녔다.
등하굣길 산새소리, 바람소리, 나뭇가지 장단소리에 사랑의 감성을 틔우고 오만가지 풀꽃들에 둘러싸여 자연의 이치를 배우며 유년시절을 보냈다.
호롱불 밑에서 도란도란 가족의 정을 나누고 산골마을에서 따스한 이웃의 정을 느끼면서 살아가던 우리네 옛 문화를 나이에 걸맞지 않게 접하면서 나눔의 마음을 키웠다.
지천명 나이에도 허허로운 벌판에 서있는 천년석불을 보고 눈물을 흘리는가 하면 작은 풀꽃 하나에도 숙연한 마음으로 쪼그리고 앉아 생명의 존엄함을 이야기 하는 감성을 가졌다.
모든 존재의 아름다움, 매듭 매듭 엮어진 인연의 소중함을 귀히 여기는 지혜로운 사람이다.

누군가의 가슴에 불을 지필 수 있는 불씨가 되고, 숨막히는 일상에 아침 공기 같은 사람이 되고, 다 주고도 더 주고 싶고 더 드릴 것이 없어 눈물이 난다는 그런 사람 냄새 나는 이다.

나누고 배려하는 마음이 시 곳곳에 묻어 있다.

예쁜 것 미운 것 분별하지 않고 사랑하는 마음(慈)으로 만물을 비추는 달(月)처럼 사랑, 연민의 정서가 시 속에 녹아 있다.

시인의 아름다운 마음씨가 시로 탄생하여 많은 이들의 아픔을 위로하고 사랑으로 가득하게 채워주기를 기원해본다.

— 전 이천고등학교장 박평제

1부

그리움아

흔들리는 봄날

외로움이 깊어지면
부처의 미소에도 흔들리는 게
여자다
봄볕이 오지게도 쏟아지는 날
나는
유혹하는 4월에 홀딱 넘어가
눈꽃처럼 새하얀 벚꽃 그늘에서
눈치 없이 시간을 보내고 있다
가슴 한쪽 구석에 처박아 두었던
지워지지 않는 청춘의 흔적들을
봄바람에 흩뿌리는 꽃비 속으로
흘러 보내며
밀린 세금 청구서 같은 하루를
꼬깃꼬깃 구겨서
마흔 끝자락 주머니에 슬쩍
집어넣는다
그래,

내 생에 주어진 수많은 날들 중에
오늘 하루쯤이야 연체가 된다 한들
또 어떠리
흔들리는 봄날
나는 오지 못 할 사람을 기다리며
바보같이 종일토록
벚꽃나무 아래를 서성인다

거짓말

누군가가 그랬지
콩가지에 사과가 열리고
살구나무에 연꽃이 피더라고

누군가가 그랬지
사자가 개미에 밟혀 죽고
코끼리가 하늘을 날더라고

알고 보니 다 개꿈 같은
소리지 뭐야

헌데도 더러는
그 말에 현혹되기도 하고
감동까지 하는 거야

검정 숯 가지에 매달려
꽃인 양 하는 자들이

두 손으로 해를 가리고
살아가는 세상

휴! 거짓말

아, 봄이로구나

봄이 요동친다
땅이 들썩거리고
알몸의 나무들은 탱글탱글
물오르기 시작했다
앙큼한 바람은
처자 치마 속을 드나들고
종다리는 봄볕에 신이 났다
삐죽이 고개 내민 풀잎을 보고
나도 덩달아 신이 났다
아, 봄이로구나

그리움아

그리움아
봄 싹트듯이 돋는
내 그리움아
바람결에 들리는
보리피리 소리에
애타는 맘 달래보지만
메마른 하늘가에
그대
빈 웃음만 떠돈다
그리움아
내 그리움아
꿈엔들 잊을까

오도산의 신부新婦

묘산에 오도산을 오르다가
나는
하얀 찔레꽃 무덤 앞에서
느닷없이 오월의 신부가 된다
세월에 찌든 군내나는 몸뚱아리를
찔레꽃 향으로 씻어내고
여리여리 속까지 드러낸
다래꽃 한 송이 꺾어 들고는
머리 희끗희끗한 소년 옆에 서서
눈웃음 흘리며 오도산을 유혹한다
산딸기보다 붉은 입술
풀꽃보다 매혹적인 몸짓
두 발 콩콩 굴러대며 콧소리로
고백을 해 보건만
오도산은 끄떡도 않는다
아서라, 수천 년을 지켜온 절개를
감히 탐하리

추상열일秋霜烈日의 기개氣槪 오도산이여
하늘과 땅 사이 무너지지 않는
마음은 너 뿐이다
차라리
내가 너를 품어 백년을 함께 하리라

청보리

봄 끝자락
불현 듯 다가온 인연
아찔한 순간
나는
청보리 물결 속에
마음을 눕힌다
아, 연둣빛이 곱기만 하다
너도
청보리처럼 싱그럽다

흔들리지 않는 나무

생각이 얕으면 흔들리기 쉽고
마음이 얕으면 포기하기 쉽다

한여름 뙤약볕에도
푸른 잎들은 한결같다

우리들 마음 속엔
무엇이 자리하고 있는지
시시때때로 변덕이다

오뉴월 땡볕에 두 팔 벌리고
꼼짝 않고 서서
나도 나무가 되어 본다

망초

그립다

그리워 떨구어 낸 눈물방울이
품어서 피운 망초

서러운 망초는 실바람에도
자꾸 흔들리고

흔들려도 사랑일 테지
긴 기다림에 지친 원망인 것을

하늘거리는 애처로운 자태
하얀 꽃망울에 아롱진 속 정

오뉴월 땡볕에 꼼작도 않고 서서
오직 한 사람만 그리워하다

쓸쓸히 지고 마는 애달픈 망초

직지사 길

세월은
계절 따라 흐르고
사람은
세월 따라 늙어가고

파란 이끼 하나에도
행복이 되는 나이엔
사람과의 만남이
웃음이 되고 눈물이 되고

묵은 정이 삭아가는
직지사 길엔
추억이
칡덩굴에 숨어 있다

칡꽃 같은 당신

하늘빛 곱게 이고
아이 같은 걸음으로
산길을 걷습니다
나풀나풀, 폴짝폴짝
이렇게 한참을 걷다가 보면
길 끄트머리 어디쯤엔가
당신이 계실까요
둥글넓적한 잎 사이로
보랏빛 애절히 피운
칡꽃을 들여다보자니
언뜻 당신인가 합니다
칡은 뿌리, 잎, 꽃
어느 것 하나 버릴 것이 없으니
그것 또한
당신 닮지 않았나 싶습니다
산을 내려오면서
백년찻집을 들렀습니다

빨간 석류차 한 잔을 앞에 두고
마주하지 못한 서러움
대금소리에 달래며
당신과의 인연도
백년이였음 좋겠다고
나직이 빌어봅니다
그거 아세요
당신은, 제게 말할 수 없이
참 편한 사람이라는 거

꿉꿉한 날

마음 한구석이 꿉꿉한 날엔
뽀송뽀송 잘 말려진
이불 홑청 속에 얼굴을 묻고
내 어머니 냄새를 맡고 싶다

마당 한가운데 하늘을 받치고 선
장대 위를
고추잠자리가 어지럽게 빙빙 돌고
장독 옆 채송화는 입을 꼭 다문 채
새들새들 졸고 있었지

오늘 같이 사는 게 꿉꿉한 날엔
담장 위에 걸터앉은 호박잎처럼
종일 햇살을 안고 뒹굴고 싶다

살다보면

그냥그냥 살다보면
물소리에 정들고
바람소리에 정들고
그렇게 살아지는 거다

하루하루 살다보면
살아 있는게 용하고
살아가는 게 장하고
그렇게 살아가는 거다

이래저래 살다보면
웃는 날도 살아지고
우는 날도 살아지고
그렇게 살다가는 거다

아버지의 꼴망태

풀잎마저 드러누운 어둑한 새벽녘에
아버지는 막걸리 한 병 버석한 건빵 한 봉지
꼴망태에 챙겨 넣고는 전쟁터에 나가는 병사 마냥
비장한 모습으로 이슬 젖은 산길을 나섰다
아침 뜨렁에 내려앉았던 해가 배미산 꼭대기를
훌쩍 넘어 연밭골로 돌아서면
아버지는 늘어진 엿가락 같은 고단한 몸을
꼴망태에 의지한 채 골인선에 발을 내딛는
마라톤 선수처럼 환한 미소로 마당을 들어섰다
그렇게 반나절 이상 산속을 헤매고 다니며
채워 온 꼴망태 속엔 온갖 보물이 가득했었다
설익은 다래며 머루 알록달록한 오배자에
싸리버섯 귀한 송이까지
송이가 꼴망태의 반 이상을 채운 날이면
어머니는 왕비가 되어
기품 있는 목소리로 아버지를 마주했다
그런 날 아버지는 어김없이 왕이 되셨다

땀범벅이 된 아버지의 국방색 윗저고리가
지금도 눈에 선하다
다 비우고 홀쭉해진 꼴망태를 헛간에다 걸어 놓으시고
들마루에 걸터앉아
한 가치 담배로 노곤함을 달래시던 그 편안한 모습
이제 와 생각해 보면 아버지는 큰 산이셨다
그땐 그 산의 위대함을 몰라 감사한 줄 모르고 살았다
짠내 나는 아버지의 땀 냄새가
소나무 껍질처럼 꾸덕한 아버지의 거친 손이
몹시도 그리운 날 입술 달삭이며 불러본다
아버지, 아버지, 아버지
내 아버지의 꼴망태는
아버지의 마음을 담은 사랑망태였다

치자꽃 어머니

어머님의 청춘은
뽀얀 치자꽃만큼이나
고결하고도 가련했습니다
소쩍새가 슬피 울어대는 밤이면
분내보다 강한 여인의 살내를 태우며
달빛이 마당을 건너 창살을 가르고
먹먹한 가슴에 버젓이 안겨들면
봇물 같은 설움이 터져
온밤 꼬박 눈물로 쏟아내고
천지간에 달랑 피붙이 하나
숨통도 인연줄도 거기라 믿었겠으나
사랑도 태우고 모정도 태우고
훨훨 다 던져버리셨으니
어머님의 젊은 피가 애끓는
여름밤의 처절한 몸부림이었으며
수만 년 전부터 빌고 빌어 이어 온
인연에 대한 최후통첩이었습니다
그렇게

한 여인의 비통한 한은
못다 한 정 고이 접어 가슴에 품은 채
뚝뚝 치자꽃 지듯 지고 말았습니다
우중의 한여름 밤
치자꽃 향은 속없이 깊어가고
소쩍새 울음소리 애닯기만 하니
꽃같이 고운 시절 그리 가신 당신이
서럽도록 그리워서
하염없이 눈물만 떨구고 있습니다
치자꽃이 뚝뚝 지고 있습니다

연꽃

안압지 연꽃이
마음을 흔든다
얼마나 비워야
그토록 맑아질까
그럴 수만 있다면
나도 너처럼
진흙 속으로 들어가
귀하게
피어 올리고 싶다

가산댁 울 엄마

"내 평생 남의 고추밭을 지나댕기도 그거 하나
따온 적 없구만도 우째 이래 아픈 병에 걸리가 이카는지
내 하나는 너거 아홉 키웠어도 너거 아홉은 내 하나 못 고친다"
부모 등골 빼먹는 자식이라 했던가요
그 작은 체구로 아홉을 낳아 기르며 있는 거 없는 거 다
내어놓으시고 속까지 새카맣게 타버린 육신 하나 들고
어느 해 여름 홀연히 가시더니 당신 키보다 큰 접시꽃이
매년 삽작거리에 피고 져도 당신은 어디에고 안 계십니다
참 좋아하시던 꽃인데
"남한테 욕 안 듣고 살면 된다 돈 돈 하지 말고
건강하면 먹고 사니 몸이 건강해야 한다"

마지막 두고 가신 그 말씀이 구남매 삶에 지팡이가 되어
사람 구실하며 살고 있으니 이 모두가 다 당신 덕분입니다 어머니
어려운 살림살이에도 어머니 밥상엔 늘 철학이 있었습니다
여름날이면 노란 호박꽃을 살포시 올려서 쪄낸 호박잎쌈에서
어떻게 어울려 세상을 살아야 하는지를 가르치셨고
애호박 쑹쑹 썰어 넣고 끓여 주시던 초가을 날 송이국에
입안 가득 퍼지던 행복감을 잊을 수가 없습니다
긴 겨울밤 김장김치 쏭쏭 썰어 얹어 따끈한 다시 국물에
말아 주시던 메밀묵 한 그릇은
인생살이 정을 나누며 살아야 함을 보여 주셨지요
그 모든 것 하나하나가 제게 유산으로 남겨 주셨

다는 걸
딸아이가 그 때의 제 나이만큼 지났어야 알게 되었으니
어머니, 이젠 알 것 같습니다
수 많은 밤 잠 못 이루고 한숨으로 보내셨던 날들을
얼마나 고단하셨을까 얼마나 무섭고 외로우셨을까
구남매 골골이 흩어놓고 병든 지아비 섬기며 산다는 게
어떤 마음이셨을지 생각하면 가슴이 먹먹해집니다
엄마는 그냥 참는 분인 줄로만 살을 파는 아픔에도
그저 견디는 분인 줄로만 생각했었습니다
자식이 그렇습니다 참 많이도 미안합니다 어머니
그리고 너무 많이 그립습니다
이제 구남매가 어머니께 드립니다
'장한 어머니 상 가산댁 울 엄마'
사랑해요 어머니 한 세상 다 할 때까지

가을이면

가을이면
두 눈 가리고 살고 싶다

코스모스에 살랑대고
갈대에 나부끼고
타들어 가는 단풍에
삶의 중심마저 잃은 채
흔들리다가

서쪽 하늘 저녁노을
곱게 물들면
사람이 그리워서
계절이 슬퍼서
긴 한숨 쓸어안고
돌아누우며 서럽다

가을이면

감당할 수 없는
흔들림이 무서워
두 눈 가리고 살고 싶다

그대를 위한 가을기도

어느 덧 단풍이 눈썹까지
내려왔습니다
산천은 단풍으로 물들어 가고
그대는 내 안에서 물들어갑니다

노랗다가 빨갛다가
때론 빛바랜 갈잎이 되어
시시때때로 다가와 내 가슴을
쿵쿵 내리칩니다

떨리는 심장 꼭 쓸어안고
별이 쏟아지는 뜰을 자분자분
거닐다가
울컥 쏟아지는 눈물에
그만
이 계절을 미워하고 맙니다

가을바람이 찹니다
그대 마음도 곱게 물들어야 할 텐데

혹여 속절없이 찾아온 무서리에
붉지도 못해 보고 퇴색하여
스산한 바람 타고 낙엽으로
뒹굴까 걱정입니다

오늘은
그대의 가을을 위해 간절히
기도합니다
"결코 쓸쓸하지 않게 하소서"

한철 사랑

더 붉기 전에
떨구어 내리라

서리꽃 지듯이
녹아지는 인연

칼날 선 냉기가
가슴을 베기 전에

천 길 불길 속을
너를 안고 뛰어들까

잠시 머문 한철 사랑
늦가을 낮달로 지고 있다

봉숭아

"장독대엔 봉숭아가 참 예쁜데…"

그랬더니
어느 날 이쁘게도 피었다

요 남자 어쩜 좋아
꽃물 같이 곱기도 하지

자글자글 꽃물을
마음에도 곱게 들인다

만추晩秋의 사랑

때 지나
별안간
환히 웃으며
느지막이 찾아 온 사랑

너는 나의 기쁨
너는 나의 행복

주저리주저리 엮어
익어가는
내 살아버린 날
반백을 더 웃돌아도

남은 날은 너와 함께
달집을 지을 테니

가을 지나 겨울

또 다시 가을
그리
해마다 마주할 수 있게
오래오래 머물러다오

법화도량에서

주인은 온데간데없고
객이 혼자 누리고 있다
뜰 못 정자에 앉아
비비 말라 선 연꽃대를
마주하니
그 아픔이 눈물겹다
새날에 고고히 피우고져
얼어붙은 차가운 진흙탕
속에서
얼마나 쥐어짜는 고통을
견뎠을까
앞산 비둘기는 처연히
울어예고
산으로 산으로 멀어져간
느긋한 목탁소리
온몸에 찌꺼기가 봄눈처럼
녹아내려

침묵 속 스님의 동안거는
잠든 봄을 깨우고
아궁이 장작은 홀로 벌겋게
타올라
연인을 품은 듯 온몸을
달구어 주니
누구 한 사람 반겨주지 않은들
무엇이 섭섭하리
간간이 불어오는 골짜기 샛바람
한겨울 시퍼런 서슬에도
훈훈하기만 한지라
아, 이곳 주인의 마음이
이러할까

억새

아, 은빛바다
햇살 아래 출렁이는
눈부신 파도에 몸을 싣고
세월을 눕힌다
맥박이 자맥질한다
너를 향한
한 송이 억새꽃으로 피어난다

안빈낙도安貧樂道

찬서리 내린 아침
볼에 스치는
기막힌 겨울바람
그대 마주하는
눈웃음 한 자락에
고운 차향 드리우니
세상사 부귀영화가
이보다 부러우랴

네가 한 잔의 커피라면

이른 아침
네가 한 잔의 커피라면
그 향에 취한 난
행복한 아침일 게다
내 온몸엔 커피향이
종일토록 퍼져있어
심장엔 네 숨소리가
선율처럼 콩닥거리고
그런 너를 오래토록
내 안에 두고 싶음에
난 아마도
물 한 모금 삼키지 못한 채
비워진 커피 잔에
눈물만 채우고 있을 게다
너무 행복해서

2부

산다는 건

날마다 드리는 정

무엇인들 다 못 드리리까
다 주고도 더 주고 싶지만
왜 이리도 가진 것이 적은지
더 드리지 못해 눈물 나고
더 드릴 수 없어 눈물 나고
더 드릴 것이 없으니 눈물 나고
달랑 마음 하나 남은 거
이거라도 다 드렸으면 하오니
섭섭다 마시고
덥석 받아주신다면
날마다 드리는 정
반들반들 닦아 드리리다

그냥 네가 좋다

남들은 말이다
네가 돈이 많아 좋다고 한다만
난 네가 빈털터리라 해도
네 가슴에 나 하나만
가득 채워줌 좋지 싶다

남들은 말이다
네가 잘 생겨서 좋다고 한다만
난 네가 한 손을 잃었다 해도
남은 한 손으로 내 손만
꼭 잡아준다면 좋지 싶다

남들은 말이다
네가 재미있어서 좋다고 한다만
난 네가 돌부처처럼 말이 없어도
호수 같은 눈빛으로 나 하나만
바라봐 준다면 좋지 싶다

난 네가 그냥 좋다

친구

난 너에게
여름 장맛비 같은
사람이 아니라
봄 비 같은
사람이면 좋으련만

여름 뙤약볕엔
느티나무 그늘 같은
사람이고
가을 쓸쓸함엔
한 잔의 술 같은
사람이면 좋으련만

긴 긴 겨울밤엔
추억 같은 사람이고
숨 막히는 일상엔
아침 공기 같은

사람이면 좋으련만

난 너에게
늘 첫 눈 같은
사람으로
들꽃 향과 같이
오래토록 남으면 좋으련만

체념

새벽 찬 공기에
속까지 시려온다

살쾡이 눈을 뜨고
옆으로 돌아눕는데
허허로움이 이불처럼
몸뚱아리를 덮는다

현관문 앞에
툭 던져지는
매몰찬 신문 소리
하루가 또
이렇게 시작 되고

너 없는 아침이
적응 될 만도 하련만은
늘 메어오는 애틋함은

짙은 커피 향에 스며들어

사는 게 어디
욕심낸다 해서 되던가마는
홀로 걷는 계절
쓸쓸함은 가을빛만큼
쏟아져 내리고

이제 단풍 들면
못내 그리워질 텐데
무시로 보고 싶다 못 할 인연
그저, 없는 듯 하고 살면 된다

약속

어느 산하에
우리들의 영혼이
아름답게 묻히는
그 날까지
나는 너 하나만을
너는 나 하나만을
사랑하겠노라고
하얀 눈이
별처럼 쏟아지는 밤
손가락 걸고
천년을 약속한다

빚

받는 것이 행복한 당신은
받을 빚이 많은 거고

주는 것이 즐거운 나는
갚을 빚이 많은 거고

주고받고 털어버리고

소롯이
세월 끝에 다다르면
단 하나,
당신 마음만 들고 가리라

그런 인연이었습니다

그런 인연이었습니다
한여름 소나기 같은
피할 겨를도 없이 온몸을 적시어
젖은 것도 아랑곳 않고
속없는 아이처럼 기꺼워하였습니다

그런 인연이었습니다
비 갠 후 곱게 뜬 무지개 같은
황홀함에 넋을 잃고 쳐다보다가
빈 하늘에 몹쓸 아쉬움만 물들이고 마는

그런 인연이었습니다
청솔가지에 내려앉은 봄 눈 같은
따뜻한 마음 한 자락 내어 줄랬더니
고새를 못 참아
바람 따라 소리 없이 흔들리고 말았으니

하늘 같고 바다 같고
봄 같고 가을 같고
손을 내밀어도 닿을 수 없는
늘 그 만큼의 그리운 거리
우리는 그런 인연이었습니다

사람 냄새나는 이가 좋다

나는
사람 냄새나는 이가 좋다
퇴근길 포장마차에서
낯선 이의 설움보따리 눈물로 받아주며
기울인 대폿잔에 희망을 보태주는
정이 두터운 그런 이가 좋다

내일이 걱정되도
오늘 내 가족의 행복을 위해
주머니 속 구겨진 마지막 비상금을
미소로 털어내며
과일봉지 가슴에 보듬어 안고
집으로 빠른 걸음 재촉하는
따뜻함이 묻어나는 그런 이가 좋다

때론 넘어지기도 하고
술에 취해 콧노래도 흥얼거리며

이놈의 야속한 세상이
죽도록 밉다고 투덜대면서도
새끼들 때문에 산다고
거짓말 같은 변명을 늘어 놓는
조금은 헐렁한 세월을 지니고 살아가는
살짝 푼수 같은 그런 이가 좋다

수백 번 수천 번 헛갈리는
인생길에서
그래도 사람 마음 하나 믿으며
절벽의 끝에 매달려서도
사는 게 다 그런 거라고
실없이 웃어버리고 마는
곰살궂고 우직스러운

그런
사람 냄새나는 이가 나는 좋다

울 엄마

엄마엄마
울 엄마
어디 가셨소
삽작거리 접시꽃
언제부터 피었구만
왜 아니 오시능교

엄마엄마
울 엄마
어디 가셨소
하지감자 자시고 싶데서
분나게 삶았구만
왜 아니 오시능교

엄마엄마
울 엄마
어디 가셨소

앞산에 산비둘기
목이 갈라져라 울어쌌구만
왜 아니 오시능교

열 평이나 오십 평이나

바보 같은 인생살이
오늘도
헤픈 정을 퍼다 나른다
열 평짜리 셋방살이가
오십 평 지 집 가진 친구가
왜 안쓰러운지
오지랖도 이 정도면 백 평이다
백 평에 열 평이면 백열 평이니
오십 평 가진 친구가 걱정도 될 만하다
열 평이나 오십 평이나
살다보면
정도 서 말, 근심도 서 말인 것을
봄, 여름, 가을, 겨울
초승달에 별빛까지도
공평한 세월이니
새벽닭이 아침을 말해주면
하루를 열어가는 그런 집에서

우리 남은 정 다 쏟으며
하얗게 웃고 살다 가자

연정

어찌하여
애타는 마음 하나
달래주지 못하고
겉도는 바람처럼
먼 산만 훑고 가는지
꿈틀거리는 연정
목까지 차올라
물바가지 쏟아버리 듯
엎질러버릴 순 없어
저기 하늘 끝자락에
내 마음 매달았다
왠지 아니
네가 늘 볼 수 있게

부석

이마를 법당 바닥에 붙이고
납작 엎드리어
두 손 모아 간절히 기도드리고
묵묵히 버틴 부석에 남은 근심
털어놓자니
온갖 중생들의 무거운 고통에
점점 가라앉는 부석이 측은한지라
옆길로 돌아 내려오는 길
작은 돌무더기 아래 긴 한숨 받쳐 들고는
부처의 미소를 지으려니 열없다
천만 번 오가며 머리 조아리면
나도 누군가를 위한
작은 부석이나마 될까

망중한

내 마음이 어제와
같길 바래보지만
오늘 다르고 내일
다르겠지

봄이 와야 꽃이 피고
꽃이 져야 잎이
무성해 지거늘
마음이 조급한 건
시린 겨울이 속히
갔으면 해서일 게다

가끔 아주 가끔은
하늘을 올려다보기가
부끄러워질 때가 있다
잘못 살고 있다는 걸까

바람의 방향에
몸을 맡기고 걷는 오후

햇살이 속까지 파고들어
꿉꿉함을 바싹 말렸으면

벵갈나무를 들이다

"이 아이는 나무가 부족하니
나무를 지니면 좋아요"
꽃집 앞을 지나는데 황금빛을 띤
둥글 넓적한 잎이 자꾸 눈에 들어온다
자식이 좋다는데
어미 가슴엔
온통 자식나무만 자라고 있다
한 치의 망설임 없이
베란다 가장자리에 벵갈나무를 들이고는
매일매일 물을 주고 잎을 닦아주며
딸아이를 향한
극진한 애정이 간절하게 진행된다
부디 딸아이의 앞길을 열어주세요 제발
소원 안 들어 주심 앞으로 안 올거예요
그렇게 자식을 위해서라면 모든 신들께
서슴없이 협박해대는 간 큰 어미다
험한 세상 딸아이에게 버팀목이 되고저

안간힘을 써 보지만
때론 주저앉고 싶은 여자의 마음이
가슴 밑바닥서부터 굼실굼실 기어올라와
강한 어미의 마음을 무너뜨리려 한다
그래서 어쩌면 무너지지 않으려
기댈 곳이 필요했는지도 모른다
혼자만의 의지처를 두고 싶었는지도
벵갈나무 새순이 움트기 시작하면
딸아이의 소망도 이뤄지리라 믿으며
어미는 또 하나의 신을 모시고 살아간다

돈

부자 친구가 말했다
“돈 있으니 웬만한 건 다 되더라”

내가 생각하기를
‘재는 평생 돈만 보다가
돈 없이 볼 수 있는 것들은
하나도 못 보고 가겠구나
불쌍하다.’

하늘 올려다보니 낮달이 웃고 있다

눈물

나이 여남은엔
속상하고 아프면 울었지
스물을 갓 넘기면서는
세상에 분노해서 쏟았고
서른 고개 너머선
새끼들이 주는 감동에 울었지
마흔 들어서는 삶의 버거움에
억억대며 울어야만 했어
이제
반백의 나이를 건너며
대자연의 경이로움에
얼굴을 묻고
태초의 뜨거운 눈물을 쏟는다

외발로 버티고 섰는가

저마다 잘난 이들아
큰 나무 그늘만도 못 하면서
어찌하여 흔들고 섰는가
힘들고 지친 마음들은
잘난 등에 기대지 않고
큰 나무 그늘에 쉬어가더라만
단 한 사람의 그늘도 못 될 걸
목청 높여 잘난 티 내본들
바람 불면 티끌과 같은 것을
누가 알아줄 거라고
누가 떠받쳐준다고
한 마리 고고한 학도 못 되면서
외발로 버티고 섰는가

산다는 건

스쳐 지나는 무심한
바람 한 점

길가에 외로이 홀로 핀
키 낮은 풀꽃

저 하늘을 지치지 않고 날으는
한 마리 작은 새

그게 바로 너고 나다

산다는 건 그런 거다

웃고 있어도
어금니 물고 독하게 살다
쓸쓸히 지고 마는

고독한 긴 여행길이다

세월아

밤하늘 달도 그 자리
내 마음도 그 자리
산천초목도 그 자리
비정한 세월아
너만 돌아섰구나
곱게 물든 단풍길
외기러기 쓸쓸히 날아
갈대처럼 흔들리는
세상인심
내 가슴엔 흰 눈만 쌓여
세월아!
내가 너를 탓한들
겨울밤에 봄바람이야 불까

눈 내린 아침

눈 내린 아침은
꼭 당신 같다

쳐다보기만 해도
눈이 부시다

다가서기만 해도
가슴이 부푼다

그리고
하루 종일 행복하다

그리운 사람

차마
좋아한다 할 수 없어
가슴에 가시 같은
그리움 하나 박혔다
못 견디게 아프지만
내 안에 들어선 당신이
밉지 않다
시치미 뚝 떼고 있어도
당신도 그러할 테지
하늘 끝에 매달린 인연
애간장이 다 녹아나고
평생을 두고 그리워할 사람
작정하고 산다면 견뎌지려나

마음

하루는
맑은 하늘이다가
또 하루는
시궁창이었다가
바람 불면 심란해지고
돈 밭에 구르니 천하잡배요
치켜세우면 오만하니
변덕스러움이 요괴와 같아
괴망스럽기도 하지
형상이 없길 망정이지
여럿 잡고도 남음이니
어지럽고 혼탁한 그 속을
달빛에 열어두면
고와지려나

안부

갈잎처럼 날아올라 허공에 나부대다가
꿈길에서 만난 님 혹여라도 뵈올까
이산저산 둘러봐도 내 님은 간데없고
스산한 빈 가지에 홀로 남은 잎 하나
바람결에 날리어 발등에 내려앉거든
차마 묻지 못한 안부 수줍게 전하오니
옯은 미소 한 자락 바람 편에 부치소서

길

그냥 걸었다
말없이 그렇게

세상으로 나있는
수많은 길 중에
내가 선택한 또 다른 길

천천히 더디 가리라

끝이 보이는 곳에 서면
다시 돌아가기엔
계절이 허락지 않겠지만

그래도 걸어야지
한 세월 다 가도록
그냥

11월의 수도암

11월 수도암엔
찬바람이 법당 마당까지
내려 딛는다

뿌연 안개가 가지 끝에 매달린
가을을 흐리게 감추고
까치는 돌아선 계절이 아쉬워
아침나절부터 야단법석이다

덮쳐 올 추위에 별들도 숨어버리고
알몸을 드러낸 나무들 사이로
억겁의 인연들만 스쳐 지난다

중생들의 고통에 석불은 말이 없고
마냥 하염없는 미소만 흘리시는데
아! 도가 부처의 미소에 있었나 보다

3부

기다림

홀로 가는 길

둘이 누웠는데 혼자다
넷이 사는 집에서도 혼자다

마주 보지만 너는 멀기만 하다
긴 터널을 동이 트도록 혼자 걷다가

결국
혼자 사는 연습이 끝나면
또 다시 제자리로 돌아간다

엄마의 걱정

엄마는 늘 식구들이 걱정
걱정은 엄마만 따라 다녀
걱정은 엄마가 등록한 특허
걱정은 엄마의 사랑밭
걱정이 끝나는 날 엄마는
걱정 없는 곳으로 떠나셔
엄마 따라 간 걱정

입추

입추라
장대비가 쏟아지니
한여름 열기는
물러날 기세로고
산천초목은 가을 맞을
채비를 했는데
아, 나는 준비도 없이
이 가을을 들이는구나

외사랑

마음에 네가 가득한데도
넌 늘 갈증으로 남아
곁에 두고도 아파하고
마주보고도 아득하니
차라리 네가 나였으면

별이 되어 안겨 들다

산그늘 내려앉고
노을빛 곱게 물들면
넌 별이 되어
와락
내 가슴에 안겨 든다
창틈 사이로 풀벌레 소리
실금실금 기어들고
붉은 와인 잔에 초승달
애절히 뜨면
시샘하는 가시내 마냥
두 눈 새침히 뜨고
내 가슴을 파고들어
취한 듯 너를 안고
이 밤을 꼴딱 새운다

희야

지난 봄 꽃구경 나서며
소녀처럼 미소 짓던 너였는데
참꽃 빛깔 입술연지 엷게 바르고
봄볕에 쪼그리고 앉아
속을 휘딱 뒤집어 말리며
곪아진 건 터뜨리고
가시든 건 파헤치고
돌로 쑥물 짓이겨 바르고는
꽃비 속에서 손가락 걸고
약속했었지
'세상이 다 변해도 우린 곱게 살자' 고
희야,
봄은 또 이렇게 피고 있는데
너는 어찌 그리 지고 마는지

6월, 수도암

세상의 흉악한 민심은
들리지 않아
천둥번개 빗소리마저도
고요하다
마음이 한없이 평온해지니
캄캄한 밤하늘까지 품을듯하다
대자연의 섭리 앞에
참으로 부끄러운 우리들
한 점 바람도 한 그루 나무도
스스로를 위해 욕심내는 법이 없거늘
왜 우리는 수 천 가지 손을 뻗쳐
탐욕을 채우려는지
비움이 맑음이요 맑으면 복됨을
이곳에선 가르치지 않아도 배워간다

불씨

나도 누군가에게
작은 불씨 하나
되었으면

그리하여
그의 사랑이 뜨거워지고
그의 꿈이 달구어지고
그의 인생이 불꽃같이
피어올랐으면

아. 정말이지
누군가의 가슴에
불을 지필 수 있는
작은 불씨 하나
되었으면

인연의 업

단 한 사람
마음에 들기가
이리도 외로울까
발목까지 쌓인 눈 속을
하염없이 걸어 봐도
어디에고 너는 없는데
동짓달 얼어붙은 밤하늘
별마저도 돌아앉았으니
다 받는다 해도
십 원짜리도 안 될
그 마음이
이다지도 절절한 건
인연의 업이 두터워서일까
사람아
다 준다 한들
보이지도 않을
티끌 같은 마음 일 지언데

무엇이 그리도 아까워
이토록 애를 태우나
적막함 속에 가만히
다독여주는
한낱 풍경소리만도 못한
아, 눈꽃같이
피고 지는 인연이여

새날에는

어제까지 걸어온 날은
힘겹고 벅차서
이제 내려놓으려 합니다
아파서 울었던 날도 여러 날
지쳐서 주저앉았던 날도 여러 날
앞이 보이지 않아
머뭇거렸던 날도 여러 날
기대고 싶었던 날도 여러 날
그렇게
견디며 버티어 온 날들을
한쪽으로 조용히 내려놓습니다
이젠 새날에
무릎 꿇고 앉아 기도합니다
새날엔
먹고 사는 일에 삶의 전부를 걸지 말며
작은 꽃 한 송이 피우며 살게 하소서
새날엔

다가서는 인연에 후회 없이 내어주고
돌아서는 인연에 눈물 보이지 않게 하소서
새날엔
봄꽃같이 피고 서리꽃같이 지며
있는 듯 없는 듯 드러내지 않고
겸손하게 살게 하소서
새날엔
귀도 열고 눈도 열고 마음도 열어
세상을 가슴으로 품고 살게 하소서
새날엔
하루하루를 사랑하는 연인을 만나듯
늘 그렇게 애틋하게 살아가게 하소서

솔체

별 박힌 밤하늘이
그리 고울까
달 걸린 밤하늘이
그리 고울까
보는 이의 혼을
다 빼는 걸 보면
상사병에 간 처녀가
환생해서 피운 꽃인 게지
눈물로 피워낸 꽃
솔체
하늘 빛 머금은
꽃잎 위로
파르르 쓰러지는
님의 숨결

천국과 지옥

세상은
아직 불볕 여름
뜨거운 전쟁 중이다
허나 부석은
비를 품으며
가을을 들이고 있다
어지러운 세상
안개 속 산 너머에
내려 앉히고
마냥
장엄하고 평온하다
이곳이 천국이고
거기가 지옥인가

기다림

누군가를
기다려 봐야
인연의 고마움을 알아

때를
기다릴 줄 알 때
주어진 감사함을 알지

세월을
기다려 본 이가
삶의 소중함을 알거든

외로움

외로움은
혼자여서가 아니다

사람으로 인해 일어나고
사람으로 인해 생긴 골이다

각자 누군가의 뒷모습만
쳐다보며 하루를 이어간다
악악대며

참 별꼴이네

참 웃기지
네가 없음 죽을 것 같던
그 자리에
다른 사람이 들어섰는데

이젠 또 그 사람 없인
죽을 것 같다

우린
매번 이렇게 누군가를
위해 목숨 걸고 살아가지

인생 참 웃기지 않니?

그러게, 참 별꼴이네

운주사를 오르며

자신의 눈, 코가
문드러지는 줄도 모른 채
중생들의 고통을 끌어안고
천년의 세월을 견뎌 온
부처 앞에서
하염없이 눈물이 흐른다
백년도 못 살 우리는
내 하나 살고저
끝없이 욕심에 매달리고
부처는
남을 위해 천년도 마다 않고
자신을 내어주니
합장하고 머리 조아린들
무엇이 억울할까만

바람

너한테 난 여자가 아닌기라
그렇다고 한 송이 꽃이랴
그것도 못 되는기라
창틈으로 새어드는 요염한 불빛도
너를 흔들어대고
하물며 요망스러운 요부마저도
너의 알량한 마음을 움직이는데
난 너한테 아무것도 아닌기라
그저 목구멍을 타고 넘어가는
한 잔의 독한 술일뿐
난 너한테 여자가 아닌기라
인연이 아닌 게지
그냥 지나가는 바람인기라

봄이 지다

님의 손을 잡고
참꽃을 따다가
꽃전도 부치고
꽃떡도 찌고
가는 봄이 애석해
발광을 지껴도
밤마다 절규하는
소쩍이 울음에
며칠을 못 버티고
산화한 봄이여

길Ⅰ

오늘
내가 걸어온 길은
아름답다

길은 희망이다

길 위에서
나는
또 다른 길을 만난다

길은 결국 始作이다

있잖아

있잖아

상대가 가진 조건들이
내게 불편함보다 즐거움을
가져다주는 게 더 많아서
그 사람이 필요한 건
단지 좋아하는 것이고

상대가 가진 조건들이
내게 즐거움보다 불편함을
가져다주는 게 더 많은데도
그 사람 없이 안 되는 건
사랑이라고 해

치자꽃이 예쁘다

치자꽃나무 앞에다가
아침상을 차렸다
상추겉절이, 양파볶음, 계란국
새소리, 솔바람, 풀내음, 솜털구름
차린 마음과 받는 마음이 같으니
찬이 없어도 이만하면
왕후의 밥상이다
그가
빤히 쳐다보더니 툭 내뱉는다
"이쁘다"
순간 숨이 멈춰버리고
나는 아무렇지도 않은 양
치자 꽃잎만 만지작거리는데
다행히
새들이 시끌벅적 난리다
이슬 머금은 꽃잎 하나
발등 위로 살포시 내려앉는다

치자꽃이 예쁘다
"이쁘다"

반항

새벽달이 차다
겨우 봄이 서너 발짝인데
긴 겨울밤이 그립다
먼 산 부엉이 소리
온밤 쓸어안고 허공을 떠돌다
동이 트기 전 피고 지는
한 송이 서리꽃
바짝 얼어붙은 가슴이
때론 살아 있는 느낌이다

관수사

새벽 예불 종소리에 오도산이 열리고
두무산 풀들조차 바람처럼 일어나면
관수사의 여명은 꽃향기로 피어나
산찌미를 밝혀 온 혜진스님 염불 소리
중생들의 업장은 폭포수에 녹아나서
서방정토 가는 길이 환희심에 타오르고
묘산을 굽어보시는 관세음보살님
한량없는 자비 아래
말없이 도를 행하는 남순동자
보살의 마음이 그만 못 해서야
佛心이 本心이니
청정도량에서 부처가 되리라

봄은 또 다시 오니

이 좋은 봄날
누구는 죽겠다고 난리고
또 누구는
이 봄이 다 피기도 전에
꽃같이 지고 말아

돌아보면 텅 빈자린데
우리는
무엇에 그리도 연연해 하는지
나날이 숨 할딱이며 살아가고

그러지 마라
봄은 또 다시 오니

비밀

바람에 댓잎이
샤르르샤르르

먼 산엔 소쩍이
소쩍소쩍

가만히 눈 감으면
살콤살콤
님 오시는 소리

달빛이 덜컹
안방까지 침범

"엄마야"

퍼뜩 이불 쓰고 속내를
숨기지

4부
인연

길Ⅱ

묵묵히 걷는다
길이 눈에 들어온다
논둑길. 오솔길. 돌담길. 꼬부랑길…
나이 오십에 길이 꽃처럼
보인다
참 아름답다
인생은 그렇게 피고 있다
그 길 위에서

봄은 그리움

봄이 톡톡 터진다

봄 따라
그리움도 톡톡 터진다

꽃은
겨우내 견뎌온 설움을
눈물겹도록 애달피 피우고

당신을 향한 내 그리움은
잠 못 드는 봄밤에
百花로 피어난다

긴 기다림 끝에 터지는
설움과 그리움의 꽃망울

그래서 봄은 붉디붉다

서리꽃 사랑

솔바람은 소리 없이
밤하늘을 받쳐 이고
천 년을 흐른 물길
숨 죽여 돌아치니
혀끝을 휘감는
달콤한 너의 키스
동지섣달 오진 밤
단박에 피고 지는
천상의 서리꽃
아. 허망쿠나
자고 나니 하룻밤
꿈이었던 것을

중독

너 없인 시간은 멈춰 서고
너를 뺀 하루는 살아지지 않는 날
너 아니곤 심장이 뛰지 않아
나의 세상은
오롯이 네 안에서만 존재하니
지독한 중독

인연

간밤에 말갛던 가지가
자고 나니 꽃이 맺혔어
그렇듯
인연도 밤길에 조용히
다가서지

가는 봄

꽃이 지니 아프다
꾹 참고
두 눈 끔뻑이니
하루가 또 견뎌진다
안 보고도 참아지는데
자꾸
봄이 지는 소리가 서럽다
마흔일곱은
가는 봄이 너무 애틋하다

행복

다리 위 드러누워
밤하늘 쳐다보니
꾸벅꾸벅 졸고 있는
키 작은 별 하나
먼 산 소쩍이는
애가 타는 울부짖음
그 소리 애처로워
풀벌레 찌리찌리
귓불을 스쳐가는
다정스런 바람소리
개울물 졸졸좔좔
장난치며 흐르고
두 눈 지그시 감으니
"아, 행복해라"
온몸에 혈액은
따뜻하게 흐르고
정작 우리를

행복하게 하는 건
돈으로 살 수 없는
것들이다

무소유

이젠
다 비웁니다
머리도 가슴도

새털 같은 마음으로
구름처럼 떠돌다가
물 흐르듯 가렵니다

그래서
먼 훗날 황혼에
툭툭 먼지 털 듯
털어버리고 가렵니다

세월여류歲月如流

산 그림자 내려앉고
노을빛 그리움
곱게 물들면
한 잔의 붉은 포도주에
하루가 또 죽어간다

4월, 눈 내리는 수도암

올망졸망 키 낮은 꽃들 위로
춘설이 나비처럼 날아와 앉았다
계절마저도 간섭 받지 않는 곳
지난 겨울의 한기를 잊지 말라는
가르침일까
코끝을 내리치는 찬바람은
두 손 모아 공손히 봄을 대하라 한다
눈 감고 귀 막고 마음까지 얽어매고
살아야 하는 곳에 비하면
다 열어 보이고도 흉이 없는 곳이니
얼마나 큰 권한을 주심인가
어디 가서 이런 귀한 대접을 받을까
나물밥 한 그릇에도 다소곳이 머리 숙여지고
풀꽃 향도 재잘거리는 새소리도
무언의 감동이니
사람 만들기엔 이보다 더 좋은 곳이 또 있을까
봄바람 소리에도 흔들릴 수 없는 곳

4월, 눈 내리는 수도암

나는 봄 속에서 겨울까지 선물 받았다

소풍

우리 손 잡고
소풍 길 나서자
새소리 물소리
바람소리 귀에 담고
돌부리 가시나무에
찢어져도 웃어보자
저녁노을 별꽃들이
초승달에 걸려들고
천둥번개 요란해도
겁 없이 비를 맞자
서산에 해 기울고
찬서리 내려지면
너와 나 우리 모두
들꽃 향으로 남자

바람개비

바람개비는
바람 없이는 꼼짝을 안 한다
바람이 일면 잠에서 깨어나
세상을 향해 자신의 온몸을 사른다
철새들의 날갯짓 여우의 눈웃음도
그 지조를 흔들진 못한다
천 년을 살아도 바람에 의해 살아지는
바람개비
세월이 흐르고 산천이 얼크렁설크렁 뒤엉켜도
욕심 없이 바람 하나에 자족하는
불멸의 신
바람의 눈짓에 화려하게 춤을 추는
바람으로 인해 살아지는 바람개비
돌아라 돌아라
천 년 만 년 한결같이 돌아라

오십

古家 툇마루에 걸터앉으면
그림같이 어울리는 나이
푸르지도 붉지도 않는
가을 초입의 나이
홀로 길을 가도
서글퍼 보이지 않는 나이
오십이다
뭔가를 시작하기에 적당한 나이
사람답게 살기에 딱 좋을 나이
오십이다
이 얼마나 화려하고 우아한
나이인가

온전한 사랑

너와 있으면
나는 없다
네 속으로
자꾸 빠져 들어가
나도
네가 되고 만다
너에게
온전한 나를
다
주고 싶다

나무처럼 풀꽃같이

열세 살에 절 문을 들어섰다는
여승이 그런다
'요즘 사람들은 가만있질 못해요
그저 요랬다 조랬다
그러니 수많은 일들이 벌어질 수밖에요'
산중에 사는 여승의 눈에도 그리 보였다니
우리가 얼마나 별난 짓들을 하고 사는지
그냥 한 포기 풀꽃같이 고요히 피고 지면
좋을 것을
한 그루 나무처럼 우두커니 서서
눈비 막아내며 고고히 견뎌도 좋을 것을
풀꽃도 못 되고 나무도 못 되고
무엇이 되려고 그리들 고약하게
살아 대는지
언 땅을 뚫고 올라온 작은 풀꽃 보기가
부끄러워
봄바람 맞으며 대청마루에 걸터앉아

옛 시절 소꿉동무 이름을 나직이
불러본다
꼭지야! 옥자야!

엄마손

세상이 날 지치게 해도
끝없이 응원해 주는
단 한 사람
울 엄마 손은 참 따시다

해설

작은 뜰 안에서 피워낸 시어들

이훈식(서정문학 발행인·시인)

먼저 자월 시인의 첫 시집 발간을 축하드린다. 날로 각박해져 가는 세상에서 분신 같은 시들을 모아 한 권의 시집으로 묶는다는 것이 쉽지 않은 일인데 내가 사유하고 내가 불러서 새 생명을 준 시어들이 작은 뜰 안에서 활짝 피어났다. 저마다 고운 이름으로 태어난 시들이 많은 사람에게 문향 가득한 꽃들로 사랑받았으면 좋겠다. 이 세상에 존재하는 모든 사물을 시인만이 가지고 있는 가치와 사유 그리고 경험과 지식으로서 재창조한다는 것은 오직 시인만이 가지고 있는 특권이요, 기쁨이기도 하다. 시인 오세영은 "이 세상에 좋고 나쁜 시는 없다. 읽고 나서 감동이 있느냐, 아니면 깨달음이 있느냐 차이"라고 말했다. 그런 의미로 자월 시인의 작품을 본다면

투명하고 꾸밈이 없으며 때 묻지 않은 어린아이와 같이 순수하고 천진한 언어들이 정겨운 정서로 노래하고 있다. "오늘에 이르러서는 시의 정형화와 산문화에 대한 우려의 소리가 높다. 일본의 하이쿠는 세계적으로 높은 평가를 받는 반면 우리 시는 지나치게 길어지고 대다수 운문이 아닌 산문이고 문법 파괴 현상까지 벌어지고 있다. 난해의 벽 앞에서 독자가 돌아 선지 오래되었다."라고 시인이자 중앙대 교수인 이승하는 지적하고 있다.

정말이지 요즘엔 산문시가 우리 문단의 큰 흐름으로 흐르고 있고 또 현대시라는 이름하에 행간과 행간의 거리가 너무 멀어 몇 번을 읽어도 이해하기 쉽지 않은 시들이 한몫을 하고 있는 때에 자월 시인의 시를 읽어보면 밝고 맑은 시어들이 생동감 있게 그려져 있다. 소재가 주는 이미지를 내재화시켜 독자들로 하여금 소박한 정서를 만나게 해 준다. 특히 자월 시인은 일상에서 그냥 놓치기 쉬운 얘기들을 천진무구한 심성으로 끄집어내어 맛깔스럽게 채색해 놓고 있다. 흐르는 세월 속에 정지된 사유가 아니라 자기 자신을 관조하며 누구나 쉽게 그 문향을 느끼게 해 주고 있다.

4부로 이루어진 자월 시인의 세계는 시는 은유요, 함축이라는 교과서적 의미를 떠나 스스로 되새김질한 맑고 밝은 시들이 청초한 향기를 내뿜고 있다.

백년 찻집을 들렀습니다.
빨간 석류 차 한 잔을 앞에 두고
마주하지 못한 서러움
대금 소리에 달래며
당신과의 인연도
백 년이었으면 좋겠다고
나직이 빌어봅니다

—「칡꽃 같은 당신」 일부

찻집에서 석류 차 한 잔을 시켜놓고 당신과 인연이 백 년이었으면 좋겠다, 라는 시인의 소박한 여유는 조금도 자신을 덧칠하지 않은 고운 감성이 잔잔한 흐름으로 젖어들게 한다. 자월 시인의 시를 전체적으로 보면 어둠의 구석이 없는 희망과 열정 앞에 거추장스러운 겉옷을 벗어버리고 꿈을 버리지 않은 소녀 가슴 같은 풋풋한 시어들이 행간마다 기쁨으로 채워져 있다. 차 한 잔 마시듯 가벼운 감성으로 노래한 시들이 주류를 이루고 있다. 시의 형식이나 감각적 언어들이 작가의 필력을 말해줄 수도 있겠지만 지금껏 살아온 삶의 의미와 그 부피를 가지고 안으로 삭힌 군더더기 없는 시를 쓴다는 것은 그리 쉬운 일이 아니다. 무겁고 칙칙한 시어보다는 지나다 길섶에서 만난 들꽃같은 웃음 화려하지는 않지만 주어진 환경 속에서 최선을 다해 피워낸 그 모습이 누구나 쉽게 접근할 수 있게 만들고 있다. 자월 시인의 시는 행간과 행간의 거리가 짧아 그 다음으로 이어지는 소재의 이미지가 직접화법으로 다가오면서 읽는 사람들의 마음을 편안하게 해 주고 있다.

"남한테 욕 안 듣고 살면 된다
돈 돈하지 말고 건강하면 먹고사니
몸이 건강해야 한다."
마지막 두고 가신 그 말씀이 구 남매
삶의 지팡이가 되어
사람 구실하며 살고 있으니 이 모두가
다 당신 덕분입니다.

—「가산댁 울 엄마」 일부

신이 할 일이 너무 많아 이 땅에 어머니를 보냈다는 말이 있을 정도로 엄마에 대한 기억은 사람에게는 가장 원초적 세계이며 구원의 대상이며 유년의 고향이고 살아 숨 쉬는 이 세상에서 가장 아름다운 공간이다. 구 남매를 억척같이 길러낸 그 모성애가 투박한 표현으로 그려져 있지만, 겨울철 따끈한 아랫목 같은 고운 심성이 시어마다 지나온 세월의 물줄기를 따라 시인의 마음속에 간절함으로 흐르고 있음을 본다. 엄마 앞에서는 결핍도 슬픔도 아픔도 회한도 기쁨으로 녹고 만다. 자월 시인은 지나간 시간에 자기를 가두지 않고 누구나 공감할 수 있는 보편적 정서로 현재와 미래를 담담히 풀어내고 있다. 작가 자신의 감성을 쉬운 언어로 표현하며 먼저 자기 자신에게 솔직하고자 애쓴 시어들이 빛을 발하고 있다.

덮쳐 올 추위에 별들도 숨어 버리고
알몸을 드러낸 나무들 사이로
억겁의 인연들만 스쳐 지낸다

중생들의 고통에 석불은 말이 없고

마냥 하염없는 미소만 흘리시는데
아! 도가 부처의 미소에 있었나 보다

—「11월의 수도암」 일부

우리 삶 속에 행복은 무엇일까? 도대체 산다는 것은 어떤 의미일까? 이 땅에 오신 부처는 우리에게 무엇을 주시려 했는가? 중생들의 고통을 열반의 세계로 이끄는 불성은 세계는 어떠한 곳일까? 누구나 한 번쯤 의문을 가졌을 이야기들을 암자에서 본 부처의 미소를 보며 부처가 전해 주고자 한 도의 의미가 온화한 미소 속에 다 숨겨져 있음을 깨닫게 하고 있다. 시인 구상은 "시는 구도자求道者의 길이다."라고 얘기했듯이 시를 창조한다는 것은 바로 자아를 찾는 구도의 길임을 생각해 볼 때 닫혀 있는 마음이 아니라 열린 마음일 때 우리는 세상 안에서 살면서도 세상 밖 세계를 유추해 보는 능력도 생기는 것이다. 우리의 삶이 많고 적음도 아니요, 높고 낮음도 아닌 주어진 환경 속에서 최선을 다할 때 얻어지는 행복 그게 불가에서 얘기하는 너와 내가 아니라 모든 세계는 불성으로 이루어진 인연이라는 불교적 사유를 부처의 미소 속에서 찾아내고 있다.

새날엔
봄꽃같이 그리고 서리꽃같이 지며
있는 듯 없는 듯 드러내지 않고
겸손하게 살게 하소서
새날엔
귀도 열고 눈도 열고 마음도 열어
세상을 가슴으로 품고 살게 하소서
새날엔
하루하루를 사랑하는 연인을 만나듯
늘 그렇게 애틋하게 살아가게 하소서

—「새날에는」 일부

자월 시인의 시는 독특한 형식이나 기상천외한 상상력을 구사하거나 혹은 통통 튀는 감각적 표현들은 아니지만 기교를 부리지 않고 성실하고 소박한 언어들이 정답게 말을 걸고 있다. 시인마다 다 다르겠지만 시를 쓴다는 것은 시인 자신의 정체성을 찾아내는 길이기도 하고 사는 게 혼란스럽고 때로는 고통스럽기도 할 때 탈출구가 될 수도 있으며 가슴을 막고 있던 응어리진 아픔을 배설해 내는 작업이기도 하다. 모자라면 모자란 대로 아쉬우면 아쉬운 대로 지금의 자신의 모습을 숨김없이 드러내는 작업 그게 시인의 삶인 것이다. 새날엔 겸손하게 새날엔 세상을 가슴에 품고 새날엔 연인 만나듯 애틋하게 살고 싶다는 애절한 바람이 선명하게 다가온다.

산 그림자 내려앉고
노을빛 그리움
곱게 물들면
한 잔의 붉은 포도주에
하루가 또 죽어간다

—「歲月如流」 일부

古家 툇마루에 걸터앉으면
그림같이 어울리는 나이
푸르지도 붉지도 않은
가을 초입의 나이
홀로 길을 가도
서글퍼 보이지 않는 나이
오십이다
뭔가를 시작하기에 적당한 나이

사람답게 살기에 딱 좋을 나이
오십이다
이 얼마나 화려하고 우아한
나이인가

—「오십」 일부

나이가 들수록 세월이 화살 같다는 말이 실감이 난다. 흐르는 세월을 아무도 막을 자도 없고 붙잡아 놓을 자도 없다. 물 흐르듯 빠르게 지나는 세월 속 존재론적인 자아를 대비하여 읊은 시가 짧고 긴 여운으로 젖어 든다. 사람이란 자기에게 부딪쳐오는 굴곡들을 타인의 시각으로 보는 게 아니라 언제든 자기의 모습으로 내재화시켜 보는 경향이 있다. 각박해져 가는 세상에서 내일에 대한 불확실성으로 인해 방황도 하고 두려움에 빠지기도 하지만 어쩔 수 없이 또 하루가 죽어가는 우리 인생사를 노을빛 그리움과 한 잔의 붉은 포도주로 연상화聯像化시킨 사유가 신선하다. 많은 사람에게 읽히는 좋은 시는 정말 어떤 것일까? 알고 보면 모든 것은 주관적일 수밖에 없다. 저마다 살아 온 방식이 다르고 사유의 넓이와 그 깊이가 다르기에 받아 드리는 범위가 제각

각 일수밖에 없다. 자월 시인은 적자생존의 치열한 경쟁 속에서 끝까지 살아남아야 한다는 명제 앞에 누구도 자유로울 수가 없음을 안다. 원하지 않는 세월과 더불어 나이 오십이 되는 엄연한 현실을 두고 푸르지도 붉지도 않은 나이. 홀로 길을 가도 서글퍼 보이지 않는 나이 사람답게 딱 살기 좋은 나이라며 자꾸 나약해지는 몸과 마음을 부끄럼 없이 순수한 시어로 구체화시킨 것을 보면 그간 세월이 가져다준 침전된 내면의 세계를 알 수가 있을 것 같다. 한 번쯤은 숨기고 싶었던 얘기들을 언어라는 도구를 사용하여 이끌어낸 작업이 결코 쉽지 않았으리라. 어쩌면 자신의 고백이요, 인간에 대한 애정이며 주어진 현실과 고향과 그리움에 대한 애틋함이 적지 않는 분량으로 우리에게 선을 보이고 있다.

시집 한 권을 가지고 자월 시인의 시 경향과 시론 전체를 이야기한다는 것은 무리가 있을 수밖에 없다. 시를 대하는 사람마다 감동의 차이가 있을 수 있기에 섣부른 예단으로 시평을 한다는 것은 참 어려운 일이다. 홍문표 시인은 "첫 시집은 얼떨결에 내는 것"이란 말을 했다. 아마 그 말의 뜻은 낯설게 내보이는 첫 번째 시집이 완벽하지는 않아도 많은 사람에게 보임을 통해 더욱 성숙해질 수 있다는 뜻이고 너무 앞뒤를 재다 보면 단 한 권의 책도 결코 가질 수 없다는 우회적인 표현일 것이다. 첫 시집에 만족하지 말고 더욱 정진하여 하루하루가 다르게 변해가는 요즘, 자월 시인의 시를 읽는 사람들에게 꿈을 가져다주는 작은 희망의 계기가 되었으면 좋겠다.

— 2020년 1월, 용인의 한 뜨락에서